JN057545

火災時の緊急脱出・救出のための

救難活動マニュアル

横浜市消防局 編著

東京法令出版

更なる組織的な安全管理体制の強化について

　近年、激甚化する自然災害やテロ災害を含め複雑多様化する消防活動に加え、建築工法も多様化し、従来の消火戦術では対処できない危険要因も増え、活動の困難性が高まっています。

　特に「火災」は、刻々と状況が変化する「進行形の災害」であることから、組織的な安全管理体制が必要であるとともに、活動中に隊員が万一、危機的な状況に陥った際に、いかに危機的状況を排除するかを隊員一人ひとりが認識し、有事の際は、組織的に直ちに行動する必要があります。

　このような状況を踏まえて、横浜市消防局では火災現場で安全管理を主任務とする特別高度救助部隊が米海軍日本管区司令部消防隊等の協力を得て研究・検証を重ね、平成31年２月に「救難活動マニュアル」を策定しました。

　これまで安全管理は、危険要因の予測と事前回避を主眼に組織的な体制も加え確保してきました。一方で、本書の内容は、危機的状況下、隊員自らの危険要因の排除から仲間の隊員の安全な場所への緊急退避、危機回避要領及び組織的な救出要領を明示したものです。

　本書は、あくまでも危機的状況を想定した活動指針でありますが、万一の際は、直ちに危機的状況を排除し公務災害の回避を期するところです。

　「消防の任務遂行において隊員の安全管理は、必須の条件です。」

　結びに、過去の災害による殉職者に対して謹んで哀悼の意を表するとともに、本書の発刊にあたり、火災現場の最前線で任務を遂行する消防職員や消防関係者に活用され、更なる組織的な安全管理体制の強化に繋がることを祈念いたします。

　令和元年12月

　　　　　　　　　　　　　　　　　　　横浜市消防局
　　　　　　　　　　　　　　　　　　　警防部長　　林　久人

目　　　　次

第5章　救難即時介入活動【チームレスキュー】

動　画　一　覧

■　動画について

● 本書は、救難活動の訓練方法を動画で紹介しています。
スマートフォンやタブレット端末で二次元コードを読み取ると、動画をご覧いただけます。

● 上記の動画の著作権は、横浜市消防局が所有します。許可なく複製、配布、配信することはできません。

第1章

総　　則

第1 目 的

　火災現場において、潜在危険を予測し最大限の安全を確保しながら任務を遂行している隊員が、危機的状況に陥った際の危機回避要領及び部隊等による救出要領を示し、組織的な安全管理を構築し、火災現場での受傷事故等の根絶を目的とする。

第2 概 念

　我々消防は、いかなる状況下においても市民を守るべく最善を尽くすことが使命であり、そのために訓練を積み重ねている。我々が立ち向かう災害現場において、自分自身、同僚又は部隊が危機にさらされた時、生存するために何をするべきかを一人ひとりが考え、その対応能力を向上させなくてはならない。本マニュアルは、火災現場での活動要領を中心としているが、その概念や手技手法は他の災害においても共通しており、全職員が共通認識として心得ておく必要がある。

第3 用 語

1　救　難

　活動中の隊員が、災害現場において危機的状況に陥り、当該隊員を安全な場所へ救出することが必要な状態をいう。

2　危機的状況

　災害現場において発生した要因により、活動隊員の身体に危険が及び、自らその危険を排除することが困難な状況をいう。

3　即時介入隊

　救難発生時、その事案に対し、救出活動等を行うことを主たる任務とする専門部隊で、特別高度救助部隊及び指揮本部から下命された特別救助隊をいう。

4　救難要請

　自分自身又は他の活動隊員に救難事案が発生し、即時介入隊等の救出活動が必要な場合に、その状況を署系無線機又は口頭により指揮本部へ報告することをいう。

5　救難報告

　救難要請により指揮本部が消防救急無線を使用し、司令課へ報告する無線報告をいう。

6　救難回避行動（セルフサバイバル）

　災害現場において発生した要因により、活動隊員が安全な場所へ緊急退避する必要がある場合の危機回避要領で、隊員個々の行動をいう。

7　救難対応活動（チームサバイバル）

　救難発生時、部隊等による当該隊員を安全な場所へ救出するための活動をいう。

8　救難即時介入活動（チームレスキュー）

　救難発生時、即時介入隊が行う一連の救出活動をいう。

第4　背　景

　「危機的状況に陥った隊員の救出」という概念は、米国消防では、消防戦術の一部として明確に示されている。この救出活動をする部隊を「RIT/C」（「Rapid Intervention Team/Crew」の頭文字をとった略語）といい、日本語に直訳すると「即時介入隊」となる。米国消防では、法律及び規程等により「RIT/Cの根拠」が明確に示されている。

　近年の消防活動は、インフラの老朽化や建築物の高気密化及び高断熱化が進み、活動の困難性並びに危険性が増しており、隊員の負傷リスクは高まっている。当局においては、安全管理を徹底することはもちろんであるが、活動隊員の不測の事態を想定し、本マニュアルを策定した。

第5　本マニュアルの活用にあたり

1　救難活動の各種行動や活動は、最悪の事態を想定しており、緊急的にその状況から退避、救出が必要で、本来とるべき安全措置が困難な状況であることをイメージする。

2　災害の規模や状況によって、他の手段が無く、最終的な手技と手法であることを理解する。

3　現場の状況により、柔軟な判断と対応が必要であり、安全管理に最大限配意した活動をすることが大前提である。

4　訓練実施時は、安全措置を徹底するとともに、訓練の負荷は段階的に上げていくこととする。高所作業時等は、安全マットや確保ロープを確実に設定する。

第2章

安全管理体制

第1 　安全管理の徹底

　消防活動において安全管理は任務遂行の前提条件であり、その基本は自己防衛である。隊員一人ひとりが、危機的状況に陥ることがないよう安全管理を徹底し、活動することが何よりも重要である。

第2 　火災現場の危機的状況

　火災は時間の推移により事態が急変する常に進行形の災害であり、それが火災の最大の恐ろしさである。煙、熱、火炎、有毒ガス及び構造物の崩落など消防隊員にふりかかる危機は計り知れない。

1　危機的状況になり得る要因

⑴　空気呼吸器のトラブル

⑵　防火装備の未着装及び資機材準備不十分での活動

⑶　バディを見失ったことによる孤立化

⑷　退出不能

⑸　何かに絡まる。

⑹　温度危険（中性帯の崩壊）

⑺　崩落、倒壊等による行動不能

⑻　隊員の負傷

⑼　火炎に囲まれる（フラッシュオーバー等）。

⑽　判断ミスからの屋内への進入

第3 　無線報告

　消防隊員にとって救難時に最も重要なことは、<u>その状況をいち早く確実に第三者（指揮本部）に伝える</u>ことである。

　自分自身又は他の活動隊員が危機的状況に陥り救助が必要な場合は、署系無線機等により指揮本部へ状況を報告、指揮本部はその状況を消防救急無線により司令課

へ報告し、救難事案について組織的な活動を行わなければならない。

1　救難要請

　自分自身又は他の活動隊員が危機的状況に陥り救助が必要な場合は、署系無線機により「自局の無線局名」の前に至急報（至急、至急、至急）を冠し、指揮本部の応答を待ち、救難要請を意味する（救難、救難）を冠したのち報告する。

⑴　報告要領について

　署系無線機により指揮本部に報告するものとし、自分の位置・場所・部隊名・氏名・どのような問題が発生したか・その解決方法・空気ボンベの残圧などを可能な限り簡潔明瞭に報告する。

例1　活動中に他隊の救難事案を発見し、救難要請をする場合

至急　至急　至急　○○隊△△から指揮本部
（指揮本部応答）
救難　救難　出火建物東側床崩落　●●隊　隊員1名
挟まれあり　救難要請する　どうぞ

例2　活動隊員自ら救難要請をする場合

至急　至急　至急　○○隊△△から指揮本部
（指揮本部応答）
救難　救難　2階北側室内　○○隊△△1名
天井崩落　自力脱出不能　救難要請する　どうぞ

⑵　救難要請時の留意事項について

　救難要請時は状況を冷静に把握し、自分の置かれている状況を簡潔明瞭に伝える。また、建物の倒壊や崩落等による救難を目撃した隊員は、救助の必要性を見極め、救難要請をする。

　なお、この無線の情報を頼りに、即時介入隊が救出に向かうことを念頭に置く。

2　救難報告

　災害現場において、救難要請が指揮本部へ報告（救難要請）された際に、指揮本部から消防救急無線を使用し、緊急報告として司令課へ報告する。無線要領は、至急報（至急、至急、至急）を冠し、本部の応答を待ち、速やかに報告する。

> **例**
>
> 至急　至急　至急　○○指揮１から横浜消防
> （横浜消防応答）
> ○○指揮１　救難報告　１階天井が崩落　●●隊□名
> 救難事案発生　即時介入隊△△隊　詳細マルセン　どうぞ

第4　救難要請時の活動について

　災害現場において救難要請が発信された場合、指揮本部は災害活動と並行した活動統制、活動方針の転換、増強要請の判断を行う。

1　指揮隊の活動

(1)　即時介入隊への活動指示
(2)　消防救急無線により司令課へ救難報告
(3)　救難要請があったことを各部隊へ周知
(4)　無線統制
(5)　増強要請の判断
(6)　その他必要事項の下命

2　各隊の活動

(1)　署系無線機は、救難要請を受信したチャンネルは使用せず、指揮本部から指定されたチャンネルを使用する。
(2)　即時介入隊への情報提供及び活動支援
(3)　その他指示がない部隊は、災害収束への活動を継続

3　即時介入隊の活動

⑴　指揮本部からの下命
⑵　救難事案の検索活動及び救出活動

第5　生存への行動

　自分自身が危機的状況に陥り救難要請を行った後、次に行うべきことは、「自分がどのような行動をとらなくてはいけないか」を火災の状況等から冷静に判断し行動することである。

　生存への行動として、「その場にとどまる」「安全な場所を見つける」「その場から脱出する」等が挙げられる。

1　隊員が行うべき生存への行動

⑴　冷静になる（パニックコントロール）。
⑵　立ち止まって、考えて、周囲を見渡して、計画を立てる。
⑶　放水により自分自身の安全を確保する。
⑷　姿勢を低くする。
⑸　壁際から離れない。
⑹　音を鳴らす（携帯警報器、打音、声等）。
⑺　ライトを直上へ向けて照らす。
⑻　ホースライン及び検索ロープを使用し、緊急退避する。
⑼　無線交信
⑽　建物の何階にいるかを認識する。
⑾　空気消費を管理する。

第6 空気呼吸器管理

　危機的状況下から回避すべく行動をとるためには、空気呼吸器の管理が非常に重要である。自身の空気消費量を把握しておくことはもちろんのこと、バディの空気消費量も念頭に置き、限りある残圧を常に確認し、その残圧をいかにして有効に活用していくかが、生存への必須事項となる。

1　空気消費量の把握

(1)　使用時間の確認

(2)　活動内容（重・中・軽）における空気消費量の確認

(3)　自らの限界及び能力の把握

(4)　空気消費を抑える呼吸

2　空気呼吸器の残圧確認

(1)　進入開始時

(2)　長時間活動時

(3)　転戦時

(4)　重作業後

3　引き返せる限界点の把握

(1)　脱出できる空気呼吸器の残圧

(2)　現場の状況

(3)　部隊の身体的、精神的状態

(4)　空気呼吸器の残圧の一番低い隊員に合わせる。

第3章

救難回避行動
【セルフサバイバル】

第1　緊急時の回避姿勢要領 (ディフェンシブポジション)

内部進入時（屋内進入時）において、フラッシュオーバー等により内部の状況が急変した際に、火炎、熱などから身体を守る一時的な避難姿勢である。

1　実施要領

(1)　開口部（窓枠）の場合

屋内側の状況

　ア　屋内側の手足を壁面にしっかりと固定し、体を屋外側に出す。

　イ　顔を屋外側へ出し、直接火炎等にあおられないようにする。

2　訓練実施時の徹底事項

(1)　訓練初期段階は、低所で活動服等により実施し、徐々に装備等の負荷を掛けて実施する。

(2)　高所での実施時は、確保ロープや安全マット等の安全措置を図る。

⑶　姿勢をとる際に、面体及び吸気管の挟まれに注意する。

⑷　十分な強度を有する壁面等で実施する。

3　災害活動時の留意事項

⑴　緊急時の一時的な避難姿勢であることを理解する。

⑵　開口部の形状、大きさ、壁の厚さなどにより避難姿勢の負荷が変わってくるので、注意が必要である。

⑶　一度この姿勢になると、次の行動に移行しづらいことを認識する。

⑷　脱出に移行する際は、他の隊員によるはしごの架てい等が必要となる（第5章－第3参照）。

⑸　落下危険等受傷する危険が高いことを認識する。

第2　携帯警報器・打音による検索要領（PASSトレーニング）

　救難要請が発信された際に、迅速かつ的確に発信隊員のもとへ到達できるように、音の特性及び構造物の駆体による伝搬（でんぱん）の相違などを理解し、携帯警報器や打音等の発信源を特定するための検索技術を向上させる。

※駆体…建物の主要な構造を作っている部分で、基礎、柱、壁、床等をいう。

1　音の伝搬（でんぱん）

　音の波が媒体の中を広がっていくことを伝搬といい、空気のみを媒体として伝わる音を空気伝搬音、建物の床や壁などの構造物の駆体に直接振動や衝撃を与え、構造物を媒体として空気を振動させて音になったものを固体伝搬音という。つまり、携帯警報器の警報音は空気伝搬音で、打音は固体伝搬音となる。

2　携帯警報器（PASS）　※PASSとは、アメリカでの携帯警報器の名称

　携帯警報器はセンサーを内蔵しており、隊員の動作を感知し一定時間静止状態が続くと、自動的に警報が起動し音と光により危険な状態であることを知らせる。また、手動でも起動させることができる。

ファイアフライＫアラーム　　　　　　モーションスカウトＫ－Ｔ－Ｒ

約23秒静止した状態で予備警報鳴動、　　約30秒静止した状態で予備警報鳴動、
予備警報から約８秒後本警報鳴動　　　　予備警報から約15秒後本警報鳴動

３　打音による合図

　携帯警報器による音（空気伝搬音）は、遮へい物があると減衰を繰り返し、やがて聞こえなくなる。一方で打音（固体伝搬音）は、建物の駆体や伝搬しやすいものに対して行えば減衰はするものの、状況によっては、携帯警報器（空気伝搬音）より効果が期待できる。打音を行う際は、個人装備等を利用し構造物の駆体等に衝撃を与えることが有効である。

４　実施要領

　区画された室内等で、警報音又は打音を発生させ、伝搬音の違いを意識し検索訓練を実施する。

＜図１＞

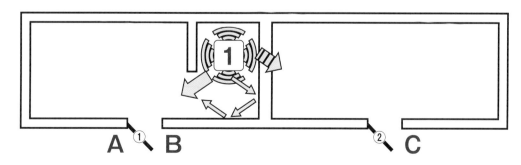

- Aの位置で①扉を開放すると、扉で警報音が遮へいされてしまうため、Bの位置で開閉した場合に比べると警報音が減衰しやすい。
- Bの位置で①扉を開閉すると、警報音が明瞭に聞こえ部屋を特定しやすい。
- Cの位置で②扉を開放すると、壁を通じて警報音が聞こえることがある。

＜図2＞

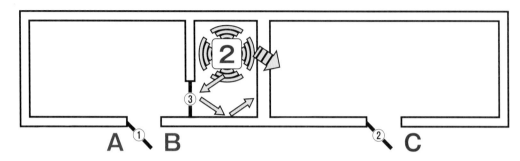

- ①扉を開放したA又はBの位置より、②扉を開放したCの位置の方が、警報音が大きく聞こえる場合がある。③扉が閉まっていることにより、警報音が減衰するためである。

5　訓練実施時の徹底事項

⑴　実災害で使用する警報器を使用する場合は、電池の消耗に十分配意するとともに、訓練実施後の使用後点検を必ず実施する。

⑵　資機材での打音を実施する際は、資機材の愛護に努める。

⑶　訓練実施時からあらゆる環境下を想定して実施する。

6　災害活動時の留意事項

⑴　通常の検索活動とは異なり音を頼りに検索するため、音の発信源が明らかな場合は、くまなく検索するのではなく、直線的に音の方向に進むことも考慮する。

⑵　音のみに頼ることなく、五感を十分に活用する。

⑶　携帯警報器の鳴動により要救助者を発見した際は、活動の障害となるため、鳴動を停止したのちに救出活動に移行する。また、要救助者から一時的に離れる場合は、状況に応じて手動操作により再鳴動させる。

⑷　災害活動時は、自らの呼吸音や防火帽のしころ等、音に対する障害が多いため、分岐点や出入口などでは一旦停止し、しころを上げるなどして音を確認す

る。

　なお、高温環境下では受傷危険があることに配意する。

第3　緊急脱出要領 (オブスタクル・コース)　　※オブスタクル＝障害

　視界不良の環境下（屋内進入時）において、ホースライン、検索ロープ等を伝って、退出口へ緊急脱出する要領である。

　訓練時は、無視界状態で高低差や狭所及び煙道等の障害並びに狭所通過時における空気呼吸器等の離脱などの障害を付加することにより、恐怖心の克服（パニックコントロール）、迅速な脱出技術及び呼吸法（空気消費量抑制等）などの向上を図る。

1　実施要領

　防火着装、空気呼吸器、携帯投光器及び携帯無線機など資機材等の携行並びに視界、姿勢及び会話の制限等の負荷を設定する。

2　ホースラインによる脱出要領

(1)　全身を使って周囲のホースを探し、ホースを左右に引き寄せたり叩きつけて、ホース結合金具の位置を音により確認し、直近のホース結合金具を探す。

　　なお、音で結合金具が確認できない場合は、ホースをたどって進み、結合金具を探す。➡**1**

(2) ホース結合金具を発見し、結合金具の向きで進行方向を判断する。➡️2

(3)　ポンプ車放水口側が退出口の場合は「オス金具側」、ノズル側が退出口の場合
　　は「メス金具側」の方向へ脱出を開始する。➡3

3　障害の突破

　自分の置かれている状況を冷静に判断し、恐怖心の克服（パニックコントロー
ル）、迅速な脱出技術及び呼吸法（空気消費量抑制等）などを意識する。また、複
数名による実施時は、隊員間の意思疎通、指揮本部との無線交信要領、リーダーを
指定した活動及び緊急時の迅速な判断力などを意識する。

(1)　高低差の通過

　　高低差のある障害物の場合は、足元の状況（強度、障害物の有無等）を確認し
　　ながら退出する。➡1

(2) 雑物散乱

　　雑物散乱がある場合は、足元に注意しながら移動できる物は排除し、退出する。➡2

（3）　装備の引っ掛かり

　　障害物に装備が絡まないように、障害物をかわしながら退出する。装備している資機材の形状、大きさ等を把握しておくことが重要である。➡**3**

(4) 空気呼吸器の脱着

　　空気呼吸器を離脱しなければ通過できない障害物の場合は、面体の外れに注意する。また、面体の吸気管、各バンドの流れに注意し、空気呼吸器を脱着する。

➡4

(5)　狭所の通過

　　狭所通過時は、進入口の高さ、幅等を確認し、進入する。進入後は、行動が制限されることを想定し、閉塞感、恐怖感の克服を意識する。必要に応じ、空気呼吸器の脱着をする。

　　足を先行させた場合、緊急退避が容易となるが、進行方向が確認できず、高低差があった場合に落下する危険がある。

　　頭を先行させた場合、進行方向は確認しやすいが、緊急退避が困難となる。高低差があった場合、離脱した空気呼吸器が落下し、面体が外れる危険がある。

　　それぞれのメリット、デメリットを把握しておく。➡5

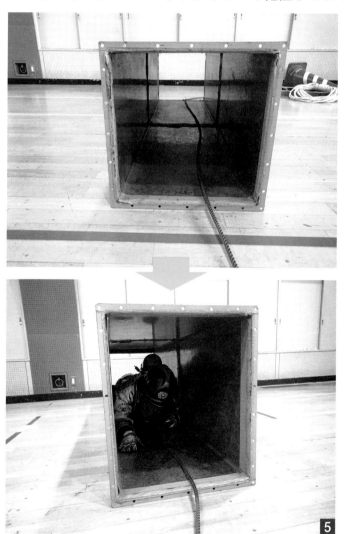

5

(6)　検索ロープ、ホースの絡み

　　障害物に検索ロープ、ホース等が絡むと、手から検索ロープ等が離れやすくなるため、注意して退出する。➡**6**

(7)　状況判断

　　障害物の排除及び自己装備の取り外し等、各自が判断し、現場にあった状況判断をすること。➡**7**

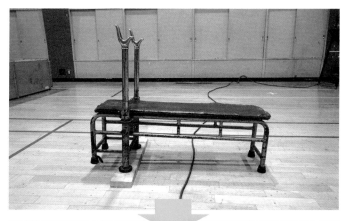

4　訓練実施時の徹底事項

⑴　事故防止のため、安全管理員を必ず配置する（障害物の崩壊、ロープ類の絡ま
　　り、衝突、墜落、呼吸管理、限界申告の有無等の危険性を認識する。）。

⑵　コース設定の際、その目的及び到達目標を明確に示す。

⑶　状況判断力を必要とするため、訓練時は、パニックが起こり得る状況に備え
　　る。

⑷　常に濃煙熱気での活動を想定し、低い姿勢での活動を意識する。

⑸　行く先の安全確認を行い、緊急脱出を意識した迅速な行動をとる。

5　災害活動時の留意事項

⑴　救助が必要と判断した場合は、署系無線機等を活用し、「救難要請」を発信す
　　る（位置、場所、部隊名、氏名、発生した問題の内容、ボンベ残圧、解決方法の
　　有無等、情報を簡潔明瞭に報告する。）。

(2) 打音及び携帯警報器を鳴動させる。

(3) 自力脱出困難に陥った場合は、ホースラインの近くや壁際等、即時介入隊等が発見しやすい場所にとどまり、空気消費量を抑制する。

(4) 照明器具を壁や天井に向けて、即時介入隊等に位置を知らせる。

(5) ホース結合金具の有無の確認時、床の材質によっては、叩きつけても音が聞こえないことも考慮する。

第4 はしごでの緊急脱出要領（ラダーベイルアウト）

　屋内（上層階）進入時、内部の状況が急変し、緊急退避が必要な場面において開口部が狭い又は高い等、足から脱出するには時間を要する場合に、架ていされたはしごに緊急的に乗り移る要領である。

　ラダーベイルアウトでなければ脱出が困難な状況に限り選択すべき手法であり、足からの脱出が可能な場合には、安易に使用してはならない。

※　この要領は、かぎ付はしご及び二連はしご（ステンレス製は除く。）の要領である。

1　実施要領

(1) 上半身を窓枠から出し、右腕(左腕)を胸近くのはしご横さんの表面から裏側に通し、主かんに絡ませて保持する。左手（右手）は、主かんを保持しながら下方へすらせる。➡**1**

01

動画で見よう!!

(2)　はしごに倒れ掛かるように重心を移し、足を浮かせる。下方へすらせた左手
　　（右手）は、右腕（左腕）側の1～2段下の横さんを握る。➡

(3)　膝を曲げて、腰をかがめるようにして、窓枠から下半身を徐々に出していく。

➡**3**

(4) 横さんに絡めた右腕（左腕）を軸に、右（左）側の大腿部を主かんにすらせながら身体を回転させて、窓枠から下半身を完全に出す。➡️ **4**

(5) はしごを降ていする体勢をとり、地上面へ脱出する。➡️ **5**

2　訓練実施時の徹底事項

(1) ラダーベイルアウトは、手を滑らせたり又はバランスを崩した場合、頭部から落下し、重大な事故になり得る非常に危険な手法のため、安全管理を徹底する。
(2) 訓練時は、必ず確保ロープ及び安全マット等の安全措置を図る。
(3) はしごの確保は確実に行い、可能な限り複数人で実施する。
(4) 防火衣及び資機材等の引っ掛かりに注意するとともに、破損防止措置を行う。
(5) 伸ていしていないはしごでの実施は、腕が通しづらく難易度が高くなるので注意する。

⑹　訓練初期段階は低所から始め、徐々に高さの負荷を掛けて実施する。

3　災害活動時の留意事項

⑴　はしご先端は窓枠の下端以下に設定する。

⑵　はしごには必ず確保者をつける。

⑶　窓枠及びガラス片等、受傷危険や脱出障害となる物は取り除いておく。

⑷　緊急かつ迅速に脱出する必要がある場合のみ実施するものとし、最終的な手段であることを認識する。

第4章

救難対応活動
【チームサバイバル】

第1 搬送要領

　防火着装及び空気呼吸器を装備した隊員が自力歩行不能になった場合に、迅速に搬送する方法である。

1　搬送時の留意事項

　防火着装及び空気呼吸器を装備した隊員を搬送する際は、下記留意事項に配意し、迅速に搬送する。

(1)　腰バンドを股に付け替えると、隊員と空気呼吸器がずれなくなり、搬送が容易になる。ただし、体格の大きい隊員には付け替えができない可能性があり、付け替える際は、一旦背負いバンドを緩めてから腰バンドを付け替える。➡ **1**

02

(2)　背負いバンドを締め、要救助者と空気呼吸器をしっかり密着させる。➡2

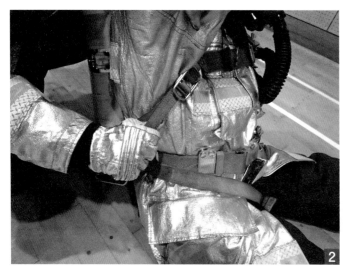

(3)　搬送中、引っ掛からないように足を交差させる。➡3

(4)　背負いバンドと防火衣の袖口を持つと、搬送が容易になる。➡

(5)　搬送時は、隊員の背負板、面体の破損及び吸気管のつぶれやねじれ等に注意する。

2　一人搬送

(1)　平面での搬送

　　ア　空気呼吸器の背負いバンドを持ち搬送する。➡**1**・**2**

03

動画で
見よう!!

イ　防火衣の袖口及び空気呼吸器の背負いバンドを持ち搬送する。➡ **3** ・ **4**

ウ　救出方向が足側の場合は、防火ズボンの両裾を持って搬送する。➡ **5**

（2）　階段での搬送（上り）

空気呼吸器の両背負いバンドを持って、一段ずつ引き上げて搬送する。➡️**6**

04

（3）　階段での搬送（下り）

ア　空気呼吸器の両背負いバンドを持ち、要救助者の体を支えながら、一段ずつ

搬送する。➡️**7**

05

イ　空気呼吸器の背負いバンド及び防火衣の袖口を持ち、上半身を浮かせながら
　搬送する。➡

3　二人搬送

(1)　平面での搬送

　ア　空気呼吸器の背負いバンドを左右1本ずつ持ち、上半身を浮かせて搬送す
　る。➡1

06
動画で
見よう!!

イ　空気呼吸器の背負いバンド及び防火衣の袖口をそれぞれ持ち、上半身を浮かせながら搬送する。➡②・③

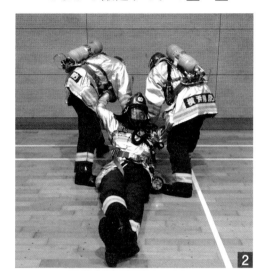

ウ　救助者Aは要救助者を引きずり、救助者Bが片手で救出経路を確認しながら進む。➡④

エ　救助者Ａは要救助者の足を肩に担ぎ、進行方向へ押す。救助者Ｂは片手で救
　　出経路を確認し、空気呼吸器の背負いバンドを持って引きずる。➡**5**

(2)　階段での搬送（上り）

　　ア　空気呼吸器の背負いバンドを左右１本ずつ持ち、上半身を浮かせて搬送す
　　　る。➡**6**

07

イ　救助者二人は互いに向きあい、片方の手は互いの手首を握って組み、他方は手を互いの肩に掛ける。救助者は腰を落とし、組み合っている手を要救助者の膝の裏側に添え、要救助者の両手を互いの肩に乗せる。➡️ **7**

ウ　空気呼吸器の背負いバンド及び防火衣の袖口をそれぞれ持ち、上半身を浮かせながら搬送する。➡️ **8** ・ **9**

エ　救助者Ａは空気呼吸器の背負いバンドを持ち、救助者Ｂは要救助者の両足を
　　肩（腕）に担いで安全帯を持ち、体全体を持ち上げて搬送する。➡10

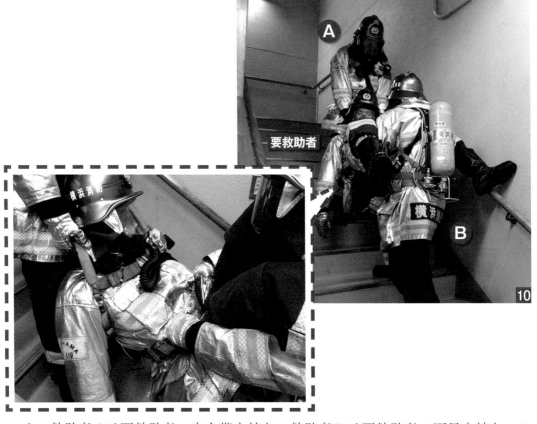

オ　救助者Ａは要救助者の安全帯を持ち、救助者Ｂは要救助者の両足を持ち、二
　　人で協力して体全体を持ち上げ、進行方向を向きながら搬送する。➡11

(3)　階段での搬送（下り）

　　ア　空気呼吸器の背負いバンドを左右１本ずつ持ち、上半身を浮かせて搬送する。➡ 12

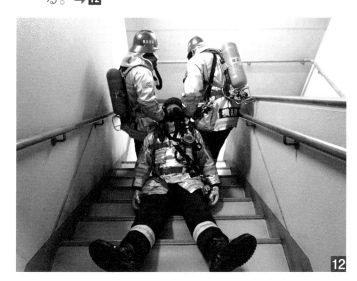

08

◀ 動画で
見よう!!

　　イ　空気呼吸器の背負いバンド及び防火衣の袖口をそれぞれ持ち、上半身を少し浮かせながら搬送する。➡ 13 ・ 14

4　訓練実施時の徹底事項

(1)　訓練前にブリーフィングを実施し、動作及び搬送方法を確認する。

(2)　防火着装が基本であるが、動作の確認等は軽装で実施する。

(3)　引きずり等による防火衣及び資機材の破損に留意する。

(4)　要救助者役隊員の身体的苦痛を考慮する。

5　災害活動時の留意事項

(1)　救難要請から時間が経過していることを考慮し、迅速な活動を心掛ける。

(2)　現場での搬送は、二人搬送であっても困難である場合があるため、早い段階で応援を要請する。

(3)　搬送前に要救助者の空気呼吸器の残圧を確認する。

(4)　要救助者の身体的苦痛を考慮し、可能な限りその軽減に配慮する。

第2 簡易縛着要領

　防火着装及び空気呼吸器を装備している隊員が自力歩行不能になった場合に、迅速に救出するための簡易的な縛着方法である。

1　テープスリングを使用した縛着

背中側

120cmテープスリングを３本使用し縛着する方法

第3　防火着装及び空気呼吸器を装備した隊員の脱装要領

　活動中の隊員を早期に安全な場所へと搬送し、迅速に防火着装及び空気呼吸器を離脱するための手段である。

1　実施要領

⑴　救助者Ａは、搬送してきた要救助者を座位の状態から後方に倒して仰臥位にし、空気呼吸器を両足で挟み込むように座る。➡**1**

⑵ 救助者Aは、面体と防火帽を外す。➡**2**

⑶ 救助者A、B、Cは、協力して空気呼吸器の胸バンドと腰バンドを外し、背負いバンドを緩め、防火衣ファスナーを開放する。➡**3**

⑷　救助者Ｂ、Ｃは、要救助者の手掌部を防火衣の袖口でしっかり覆ってから救助者Ａに要救助者の両袖口を渡す。手掌部を防火衣の袖口でしっかり覆うことにより、要救助者から防火衣を脱装する際に、手首や腕時計等が引っ掛かることを防止することができる。➡️4

⑸　救助者Ａは、要救助者の袖口を受け取り上方に挙げる。救助者Ｃは、両足を保持し、合図を出してから、やや上方に引き上げながら後方に要救助者を引き抜き脱装する。

　　なお、背負いバンドを完全に緩めていないと、要救助者の身体を引き抜く際に引っ掛かってしまうので、注意が必要である。➡️5

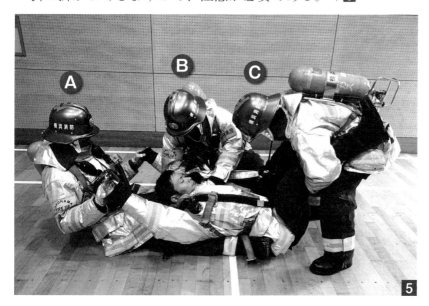

⑹　救助者Bは、引き抜く時に要救助者の頭部を保持する。➡6

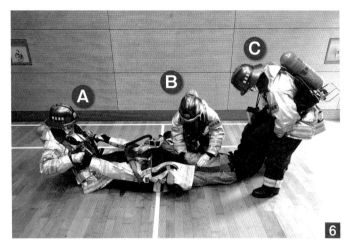

6

※　CPAと判断した場合は、胸骨圧迫と並行
して脱装させる。
　空気呼吸器の背負い板の上にしっかり乗
せることにより、有効な胸骨圧迫となる。

2　訓練実施時の徹底事項

　訓練初期段階は防火着装で実施し、徐々に空気呼吸器や無線機等の装備品による
負荷を掛け、最終的に災害時と同様の装備で実施する。

3　災害活動時の留意事項

⑴　活動時、隊員同士が声を出し合い、互いの実施状況を確認し合う。

⑵　複数の隊員で実施する時は、指揮者を明確にしておく。

⑶　早期に脱装することにより、熱を放出し熱傷の悪化を防止することができる。

　　さらに、CPAと判断した隊員に対し、胸骨圧迫の手を止めることなく脱装し、

　　迅速に救急隊に引き継ぐことができる。

第4 熱中症等の隊員の脱装要領

　活動中の隊員が熱中症等により、自力での脱装ができない場合等に用いる方法である。

1　実施要領

⑴　安全な場所に移動し、要救助者の防火帽・面体・空気呼吸器を離脱する。➡**1**

（2）　防火衣のファスナーを開放し、要救助者の両腕を上方に挙げる。➡️2️⃣

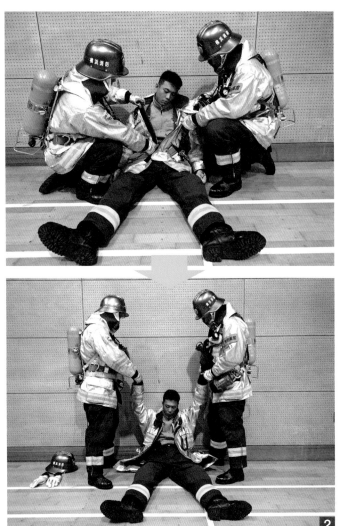

⑶　両袖をさらに上方に引き上げて、要救助者の防火衣を脱がせる。➡ 3

2　訓練実施時の徹底事項

　訓練初期段階は防火着装で実施し、徐々に空気呼吸器や無線機等の装備品による
負荷を掛け、最終的に災害時と同様の装備で実施する。

3　災害活動時の留意事項

⑴　複数の隊員で実施する時は、指揮者を明確にする。
⑵　水分又は身体の冷却等、熱中症対策の準備をする。

第5章

救難即時介入活動
【チームレスキュー】

第1　はしごからの屋内進入要領

進入、救出及び退出を考慮した、はしごの架てい方法である。

1　実施要領

(1)　開口部の下枠に、はしごの先端が設置するように架ていする。➡**1**

(2)　頭をなるべく低くし、開口部の下枠に体を這わせるように進入する。➡**2**

⑶　濃煙で内部の視界が悪い場合、開口部の直下に要救助者が居る可能性を考慮し、所持しているトビ口等で床面に触れて確認する。➡**3**

⑷　自分が着地する床面をトビ口等で強く叩いて強度を確認した後、体を低くして進入する。➡**4**

2　訓練実施時の徹底事項

　訓練初期段階は活動服等で実施し、徐々に負荷を掛け、最終的に災害時と同様の装備で実施する。

3　災害活動時の留意事項

⑴　開口部にガラスの破片等の危険物が残っていないことを確認する。

⑵　窓の大きさ、床面の高さ及び煙等の状況に応じて進入方法を選択する。

⑶　援護注水に留意する。

第2 資機材を利用した屋内進入（障害突破）要領

　足場がない場所で障害物を乗り越える場合や、屋内進入する開口部の位置が高い場合等に、資機材を利用して進入する方法である。

1　トビ口

　トビ口を壁面に立て掛けて踏み台にする。➡

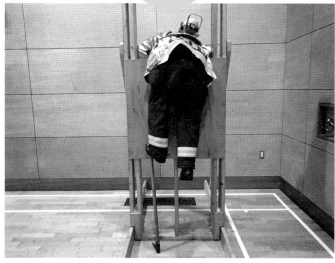

2　小　綱

(1)　小綱の両端を結合し輪を作った後、使用に適した長さに調節する。➡**1**

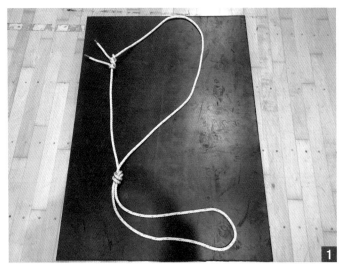

(2)　小綱を手に掛けるなど、体重が掛かった際に小綱が抜けないようにして開口部
　　の下枠を持つ。➡**2**

(3)　ロープをあぶみにして障害を乗り越える。➡**3**

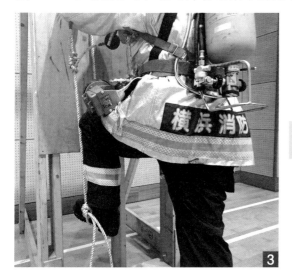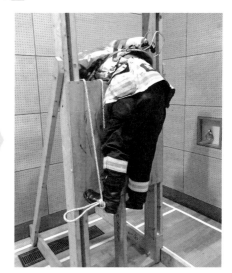

3　訓練実施時の徹底事項

(1)　踏み台にする資機材は、荷重に耐えられるものを選定し、破損に留意する。

(2)　ロープを使用した進入方法では、荷重が掛かった際に手に掛かる負担を考慮し、ロープの通し方を工夫する。

4　災害活動時の留意事項

(1)　トビ口以外にも、筒先等の資機材を利用することもできる。

(2)　地盤面の状況や資機材の形状によって、体重を掛けた際にバランスを崩す可能性があるので注意する。

(3)　進入後の資機材の回収にも留意する。必要であれば資機材にロープを取り付けておき、進入後に回収する等の措置を講ずる。

第3 はしご救出要領 (ディフェンシブポジションからの救出)

ディフェンシブポジションをとっている隊員に対し、地上の隊員がはしごを架ていし、緊急退避させる方法である。

1 実施要領

(1) ディフェンシブポジションの隊員が、はしごの横さんを掴める位置にはしごを架ていする。➡**1**

11
動画で
見よう!!

(2)　はしごを掴んだ腕に重心をしっかりと乗せ、片足を横さんに移す。➡**2**

(3)　屋内側の手と足で体重をコントロールしながらはしご側に乗り移り、降てい姿
　　勢となる。

　　なお、架てい高さが低いと、乗り移りにくいので注意する。➡**3**

2　訓練実施時の徹底事項

(1)　高所での実施時は、確保ロープや安全マット等の安全措置を図る。

(2)　はしごの掛け金は必ず確認し、はしごが転倒しないように、はしごの確保は極力複数人で行う。

3　災害活動時の留意事項

(1)　隊員に対し呼び掛けを実施し、これからの活動について説明する。

(2)　はしご操作中に隊員が勢いよく乗り移ってくることを想定し、はしごの伸てい操作は救出場所から離れたところで実施し、架ていするのが望ましい。また、はしごの高さの微調整は、基底部の位置をずらすなどして対応する。

(3)　安全監視員を必ず配置し、活動に際し、緊急時の合図等を活動隊員に周知する。

(4)　はしごの確保は、極力複数人で行う。

第4　緊急救出要領（ウインドウ・ドリル）

　ウインドウ・ドリルは、防火着装及び空気呼吸器を装備している隊員（以下「要救助者」）を開口部（窓枠等）を通して建物内部から救出する手段である。要救助者の背負いバンドを締め込むことにより、身体と空気呼吸器が密着し、持ち上げることを容易にすることができる。

　なお、窓枠の外には、はしごを架ていし、はしご上で要救助者を受ける救助者を必要とする（その後の救出方法については、第5章−第5−4参照）。

1　仰臥位・足部窓側（フェイスアップ・レッグファースト）

　仰臥位の要救助者を窓枠から屋外へ送り出す方法で、救助者3名で実施する。この方法が最も救出しやすく、その後の活動へも展開しやすい。

(1)　救助者A及びBは、要救助者の両側に付き、背部（空気呼吸器の背負板又は防火衣等）を逆手で保持する。保持する際は、片側ずつ確実に体位変換し実施する。➡**1**

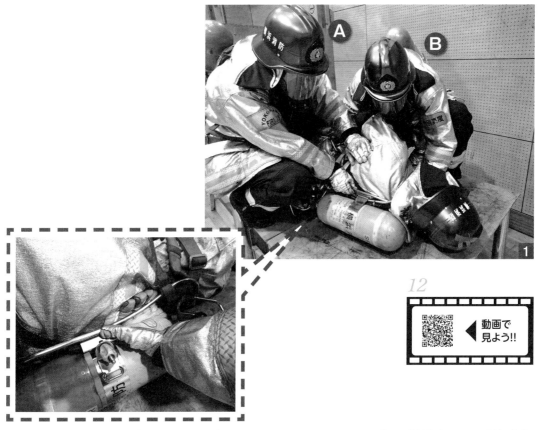

12

動画で
見よう!!

(2)　足側は、大腿部付近を防火ズボンにたるみがでないように保持する。要救助者
　　の腰部にも負担となるので、なるべく早く大腿部を支える。➡ 2

⑶　救助者は、要救助者の足側が窓枠（開口部）に向くように搬送し、両足を窓枠に掛ける。はしご上で待機している救助者Cは、その両足を保持する。➡**3**

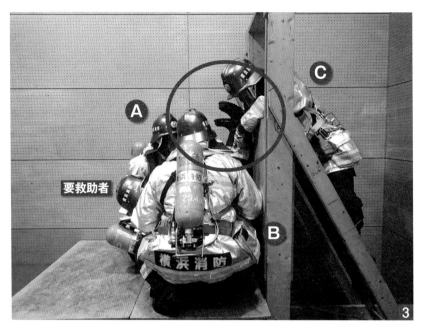

⑷　要救助者を、救助者A及びBが協力して持ち上げると同時に、救助者Cは要救助者の足を屋外へ誘導し、屋外へ引き出す。➡**4**

2　腹臥位・足部窓側（フェイスダウン・レッグファースト）

　腹臥位の要救助者をそのままの体位で窓枠へ出す方法である。重量のある要救助者にも有効であるが、活動スペースの確保が必要となる。救助者4名で実施する。

⑴　救助者は、要救助者の足側が窓枠（開口部）に向くように搬送し、救助者Aは面体を外さず空気呼吸器を離脱し、要救助者の横に足が窓枠に向くように横たわる。この時、空気呼吸器は手の届く位置に置き片手で保持する。救助者B、Cは、ログロールの要領で要救助者を90度起こす。➡■1

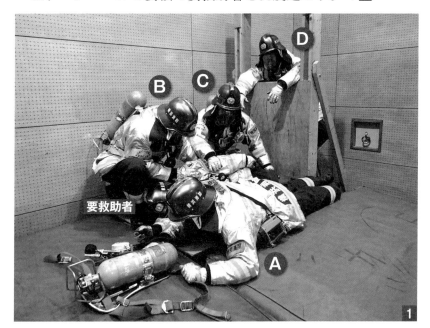

13

⑵　救助者B、Cは、要救助者を救助者Aの背中に乗せる。➡■2

(3) 救助者B、Cは、要救助者の両側へ位置し、空気呼吸器の背負板（逆手で保持）と大腿部を保持する。➡3

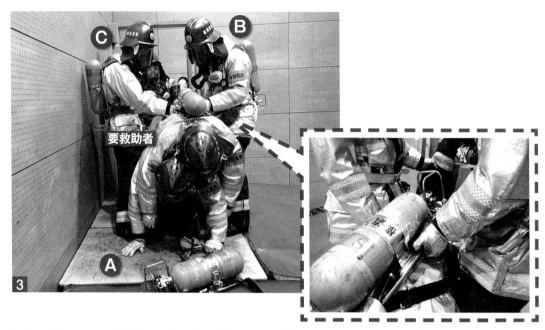

(4) 救助者Aの合図により、救助者Aは面体が外れないように呼吸器を引き寄せながら四つん這いになり、救助者B、Cはそれに合わせて要救助者を引き上げて窓枠に両足を掛ける。はしご上で待機している救助者Dは、要救助者の足を引き出す等の補助をする。➡4

⑸　さらに救助者Aの合図により、救助者Aは四つん這いから体位を高くし、救助者B、Cは要救助者を引き上げながら、はしごで待機している救助者Dへ送り出す。➡5

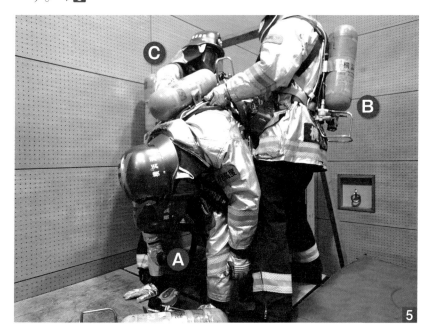

3　狭隘空間での緊急救出要領（デンバードリル）

　1992年9月28日、アメリカ合衆国コロラド州デンバー市で起きた火災で消防士（185cm、86kg）が建物内に進入し、その後、熱と濃煙のため、脱出不能となった。建物内はファイルキャビネット等の転倒のため、消防士の周辺には幅約70cmのスペースしか残されていなかった。消防士は55分後に救出されたが、搬送後、死亡が確認された。

　この火災を教訓として考案された救出法が、デンバードリルである。

現場イメージ図

⑴　仰臥位・頭部窓側（デンバードリル・ヘッドファースト）

　ア　救助者Aは進入後、要救助者を越えて足を肩に担いで安全帯を掴み、救助者Bは進入後、空気呼吸器等を利用し、要救助者を窓枠まで搬送する。➡1

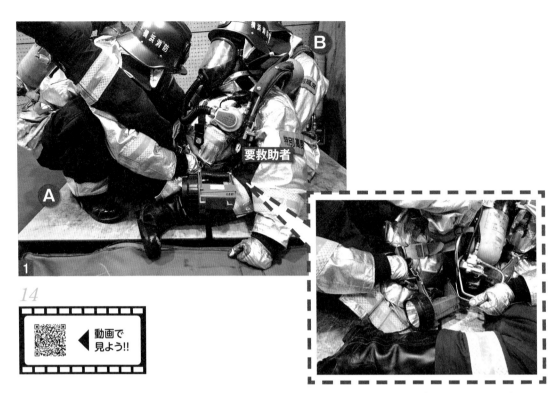

14

動画で
見よう!!

　イ　要救助者の上体を起こし、救助者Bは、壁を背にして要救助者を足で挟み込
　むように支えながら座る。救助者Aは安全帯を保持する。➡**2**

ウ　救助者Ａは要救助者を真上に持ち上げ、救助者Ｂが下から保護枠等を保持し
　救助者Ａをサポートする。➡3

エ　救助者Ａは真上に持ち上げた後、その高さのまま窓枠へ送り出し、「真上→
　横」の２挙動で実施する。救助者Ａが要救助者を斜めに持ち上げてしまうと、
　救助者Ｂは下からのサポートがしづらく、要救助者を持ち上げきれない。➡4

オ　救助者Ｂは、下から空気ボンベや臀部等を保持しながら、救助者Ａをサポートし、はしご上で待機している救助者Ｃに送り出す。➡5

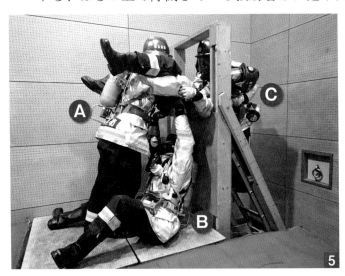

(2) 仰臥位・足部窓側（デンバードリル・レッグファースト）

　ア　救助者Ａは進入後、要救助者を越えて頭側へ移動し、要救助者の上体を起こし後ろから安全帯を掴む。➡6

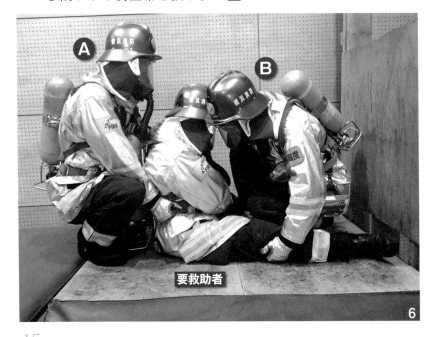

15

◀動画で見よう!!

イ　救助者Ｂは進入後、要救助者の足を肩に担ぎ、救助者Ａと協力して窓枠まで
　　搬送する。➡**7**

ウ　救助者Ｂは壁を背にして、要救助者を足で挟み込むように支えながら座り、
　　要救助者の足を窓枠の方へ向け保持する。はしご上で待機している救助者Ｃ
　　は、窓枠から要救助者の足を保持する。➡**8**

エ　救助者Aが要救助者を真上に持ち上げ、救助者Bは下からもも裏等を保持
し、救助者Aのサポートをする。➡**9**

オ　救助者Aは真上に持ち上げた後、その高さのまま窓枠の方へ送り出し、「真
上→横」の2挙動で実施する。救助者Aが要救助者を斜めに持ち上げてしまう
と、救助者Bは下からのサポートがしづらく、要救助者を持ち上げきれない。

➡**9**

カ　救助者Bは下から臀部等を保持し、救助者Cは要救助者の足を誘導しながら
身体を屋外へ送り出す。➡**10**

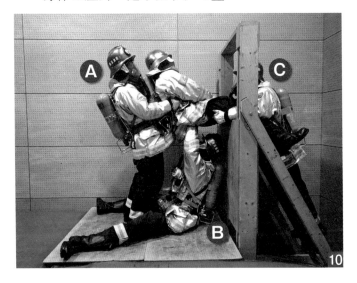

4　腹臥位（フェイスダウン）時の体位変換

　横にスペースの無い狭隘空間での体位変換方法である。

（1）　救助者Aは足部側に移動し、要救助者の下肢を曲げ、安全帯を掴む。➡

（2）　手前に引き起こし、四つん這いにさせる。➡2

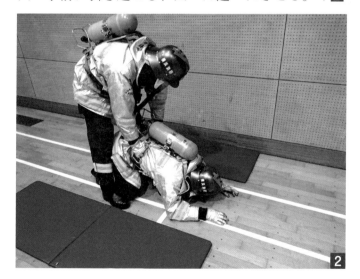

(3) 背負いバンドを持ち、上体を起こす。➡**3**

(4) 救助者Bは進入後、正座している要救助者の足側に入り足を伸ばす。➡**4**

⑸　要救助者の下肢を曲げる方法とは別に、安全帯を掴み腰部を持ち上げれば、四つん這いにすることができる。➡5

5　訓練実施時の徹底事項

⑴　訓練初期段階は活動服等で実施し、徐々に負荷を掛け、最終的に災害時と同様の装備で実施する。

⑵　高所での実施時は、確保ロープや安全マット等の安全措置を図る。

⑶　隊員間の意思疎通が図れていない中で実施すると、要救助者を屋外へ送り出す際に、はしご上の隊員を危険にさらしてしまうので注意する。

6　災害活動時の留意事項

⑴　体力的な負担が大きいため、活動隊員同士の意思疎通が必要となる。

⑵　窓枠へ出す勢いによっては、落下する危険があるので注意する。

⑶　要救助者の頭部、下肢等が窓枠に激突し、受傷する危険が高いことを認識する。

⑷　屋内側で活動する隊員は、特に受傷する危険が高いことを認識する。

第5　はしご救出要領（かかえ救出）

　車両の積載はしごを使用した、ウインドウ・ドリル後の救出手段であり、防火装備及び空気呼吸器を装備した隊員（以下「要救助者」）に対し、緊急やむを得ない場合に用いる手法である。

　なお、救助職務必携（横浜市消防局の粋を集めた救助活動の手引書）に記載されている「かかえ救助」とは異なり危険を伴うとともに、ウインドウ・ドリルのどの手法で実施するかにより迅速性が損なわれるので注意する。

1　はしご設定位置

⑴　はしごの先端は、窓枠（開口部）の下枠よりわずかに下になるように設定する。はしごの先端が下枠より上に出ていると、要救助者を窓枠からはしごに送り出す際に接触し、救出が困難となるので注意する。➡**1**

17

(2)　はしごの角度は概ね75度に設定する。➡2

2　開口部からの進入

(1)　救助者Ａ、Ｂは、確保ロープ、カラビナを携行し進入する。進入時は濃煙熱気を意識し、低い姿勢で進入する。➡1

(2) 救助者Cは、窓枠（開口部）付近のはしご上端で待機する。➡**2**

3 確保ロープの設定

(1) 救助者A、Bは、要救助者の安全帯に確保ロープを設定する。➡**1**

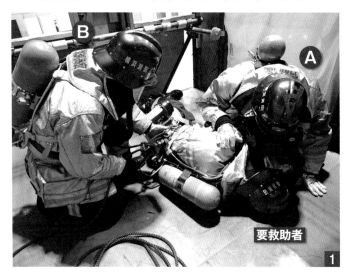

⑵　救助者Ａ、Ｂは、ウインドウ・ドリル等の手法により、要救助者を窓枠（開口
　部）まで持ち上げる。➡️**2**

4　かかえ救出

⑴　救助者Ｂは、確保ロープを操作し、救助者Ａは、開口部で要救助者を体位変換
　させ、要救助者の上半身を救助者Ｃの肩に乗るように送り出す。➡️**1**

(2) 救助者Cは、要救助者を受け取る。➡**2**

(3) 救助者Cは、要救助者の脇と股に腕を通して確保し、両手ではしごの主かんを
　　保持する。➡**3**

⑷　救助者Cは、空気呼吸器がはしごに干渉しないように、両手で主かんをすらせながら救出する。救助者Bは確保ロープを操作する。➡**4**

⑸　はしごが複数ある場合は、救出の補助にあたる。➡**5**

5 訓練実施時の徹底事項

(1) 訓練初期段階は活動服等で実施し、徐々に負荷を掛け、最終的に災害時と同様の装備で実施する。

(2) 開口部やはしごに、防火装備及び携行資機材が接触するので、破損防止に努める。

(3) 仰臥位の要救助者は開口部に乗せられることで腰を痛める可能性があるので注意する。

(4) 高所での実施時は、確保ロープや安全マット等の安全措置を図る。

(5) 開口部に要救助者を送り出す際、救助者は手や指を挟まないように注意する。

(6) 要救助者の体位変換は空気呼吸器の背負い板及び保護枠を保持すると比較的容易にできる。

6 災害活動時の留意事項

(1) 要救助者の防火帽及び空気呼吸器の保護枠が開口部に接触するので注意する。

(2) 緊急救出要領（ウインドウ・ドリル）は、可能な限り要救助者の救出が一番容易な「仰臥位・足部窓側（フェイスアップ・レッグファースト）」にする。

(3) 確保ロープは極力設定する。

(4) はしごが複数ある場合は、複数架ていし、救出の補助にあたる。

想定訓練

第3章から第5章で紹介した要領を踏まえて実施した想定訓練の一例

18

特別高度救助部隊のプロフィール

◆発隊について

　「救助隊の編成、装備及び配置の基準を定める省令」の改正に伴い、当局では、平成20年10月から特別高度救助部隊の暫定運用を開始し、平成21年4月、本部直轄の部隊として、8台の車両と40名の隊員により発隊、正式に運用を開始しました。

　その後、幾多の変遷を経て、令和元年9月現在、13台の車両と59名の隊員により、市内の災害、国内外の派遣活動に従事しています。

◆主な任務

　大規模災害等における人命救助及び安全管理を主たる任務としています。また、救助訓練の企画・運営及び救助技術の指導により、救助活動の能力向上に努めています。

◆本書の発刊にあたり

　発隊当初より、火災現場における活動隊員の安全確保の重要性を認識し、米海軍日本管区司令部消防隊等の協力を得ながら、救難活動の訓練と検証を積み重ねてきました。本書が効果的に活用され、全国の消防職員等の安全がより一層確保されることを願っています。

横浜市消防局
特別高度救助部隊一同

火災時の緊急脱出・救出のための救難活動マニュアル

令和元年12月20日　　初 版 発 行
令和5年11月1日　　初版3刷発行

編　　著／横浜市消防局
発 行 者／星 沢 卓 也
発 行 所／東京法令出版株式会社

112-0002	東京都文京区小石川5丁目17番3号	03(5803)3304
534-0024	大阪市都島区東野田町1丁目17番12号	06(6355)5226
062-0902	札幌市豊平区豊平2条5丁目1番27号	011(822)8811
980-0012	仙台市青葉区錦町1丁目1番10号	022(216)5871
460-0003	名古屋市中区錦1丁目6番34号	052(218)5552
730-0005	広島市中区西白島町11番9号	082(212)0888
810-0011	福岡市中央区高砂2丁目13番22号	092(533)1588
380-8688	長野市南千歳町1005番地	

［営業］TEL 026(224)5411　FAX 026(224)5419
［編集］TEL 026(224)5412　FAX 026(224)5439
https://www.tokyo-horei.co.jp/

©Printed in Japan, 2019
　本書及び動画の全部又は一部の複写、複製及び磁気又は光記録媒体への入力等は、著作権法上での例外を除き禁じられています。これらの許諾については、当社までご照会ください。
　落丁本・乱丁本はお取替えいたします。

ISBN978-4-8090-2535-8